Edda Reschke

Mit Kindern Märchen erleben

Ideen für Familie, Kindergarten und Grundschule

Mit Illustrationen von Eve Jacob

Lahn-Verlag

Inhalt

Inhalt

Einführung in das Thema

Hintergrund

Menschen erzählen Geschichten

„Nicht, was wir gelebt haben, ist das Leben,
sondern das, was wir erinnern und wie wir es erinnern,
um davon zu erzählen."

Gabriel Garcia Marquez

Der Mensch möchte sich mitteilen, seine Erfahrungen mit anderen teilen und etwas über andere erfahren. Die Methoden (Handy, Internet) haben sich geändert, nicht aber das Bedürfnis nach Kommunikation.

„Am Anfang war das Wort!" – Geschichten sind Kommunikation, Gemeinschaft, Gehört-Werden, Mitgefühl, Verständnis, Zuwendung, zwischenmenschliche Beziehung. Die meisten von uns kennen Geschichten, die sie besonders berühren. Bereits Kinder haben Lieblingsgeschichten oder solche, die sie ablehnen. Diese Geschichten sagen etwas über den Einzelnen, seine Mitmenschen, Umwelt und Erfahrungen aus.

Im Laufe der Jahrhunderte haben sich bestimmte Themen herauskristallisiert, die für Menschen zu allen Zeiten und Orten von Bedeutung sind und waren: Es geht um menschliche Reifung, Zusammenleben und Lebenswege. Märchen sind eine Verdichtung dieser Erzählungen, ein spirituelles und kulturelles Erbe. „Und wenn sie nicht gestorben sind, dann leben sie noch heute" in uns – Prinzessin und Prinz, Königin und Hexe, Drache und Wichtelmann …

Was sind Märchen?

„Dreischichtig sind Märchen,
ein Kind begreift sie auf wundersame Weise.
Sie haben eine glatte Oberfläche, die jeder sehen kann,
eine mittlere Schicht, die eine Lehre enthält,
und einen Kern, der wahre Weisheit birgt."

Aus China

Märchen sind wunderbare Erzählungen, die als Erzähltypus wie Mythen, Legenden und Sagen zu den einfachen Erzählformen gehören. Im Unterschied zum Mythos fehlt dem Märchen die Göttersphäre, zur Sage der geografische und historische Bezug. In Legenden sind Orte und Personen bekannt.
Beim Volksmärchen ist der Verfasser unbekannt. Über Jahrtausende wurden Märchen mündlich überliefert. Sie wurzeln häufig in alten Religionen. Faszinierend ist, wie sehr sich die Inhalte der Märchen weltweit gleichen. Es gibt regionale und historische Unterschiede. Die Grundstruktur, das Thema und der Ablauf der Handlung werden in ihren charakteristischen Zügen und Inhalten dadurch jedoch nicht verändert. So hat z. B. in sehr alten Erzählungen die Spinne die gleiche Symbolik wie später nach ihrer Erfindung die Handspindel oder das Spinnrad. In dem im deutschen Raum verbreiteten Märchen finden Hänsel und Gretel ein Brothaus, während sie in der Version des Elsass/Lothringen auf ein Eierkuchenhaus stoßen. Beides waren in der jeweiligen Region Grundnahrungsmittel.
Neben den Volksmärchen entstanden und entstehen Kunstmärchen. Sie sind bewusste Werke von Dichtern. Der Verfasser ist bekannt. Häufig greifen diese Kunstmärchen auf Motive aus Volksmärchen, Mythen und Sagen zurück. Bekannte Autoren sind Wilhelm Hauff und Hans Christian Andersen. Auch die modernen Fantasy-Geschichten sind eine Art von Kunstmärchen.

Vielerlei zum Märchen …

- Märchen lassen Bilder entstehen, sprechen in Symbolen und lassen viele Deutungen zu.
- Märchen überzeugen durch Schlichtheit und Klarheit.
- Märchen wollen nicht erklären. Sie stellen dar. Intuitiv verstehen Kinder ihre Botschaften.
- Am Anfang und am Ende des Märchens stehen häufig formelhafte Redewendungen.
- Märchen bestehen aus einer losen Folge von Bildern, die isoliert voneinander betrachtet werden können.
- Die charakteristischen Stilmittel Wiederholung und Kontrast verknüpfen die Bilder.
- Märchen stellen klare Polaritäten dar.
- Namen werden nur benannt, wenn sie eine symbolische Aussagekraft haben (z. B. Dornröschen) oder es sich um einen Zaubernamen handelt (z. B. Rumpelstilzchen). Auch Titel – Königin, Prinz – und Berufe – Müller, Schuster – haben eine symbolische Bedeutung, ebenso wie Zahlen und Farben: Schneewittchen ist weiß wie Schnee, rot wie Blut und schwarz wie Ebenholz. Sie symbolisiert den Lebenskreis und den Jahreskreis.
- Magische Zahlen im Märchen sind z. B. 3, 7 oder 12. 3 gilt als heilige Zahl, 7 setzt sich aus der irdischen 4 und der himmlischen 3 zusammen, 12 ist 4-mal die 3.
- Formeln und Zaubersprüche führen in Zauberwelten, in die Welt unserer Seele.
- Das Märchen unterscheidet nicht zwischen Fantasie und Wirklichkeit.
- Der (die) Held(in) bewegt sich ganz selbstverständlich in der realen und irrealen Welt.
- Der (die) Held(in) achtet die Gesetze der Natur, ist nicht hochmütig, oft der (die) Jüngste, Kleinste, Schwächste und Dümmste, ist wie ein Kind, gutmütig und großherzig.
- Auf seinem (ihrem) Weg entwickelt der (die) Held(in) Mut für eine Lebensaufgabe bzw. eine Lebensprüfung.
- Märchen beginnen mitten in einer Krise und sind getragen von der Hoffnung.
- Märchensammler im 18. und 19. Jahrhundert: Charles Perrault, Jacob und Wilhelm Grimm, Ludwig Bechstein, Otto Sutermeister, Giambattista Basile.
- Märchensammler in unserer Zeit: Klaus Adam und Frieder Kahlert.

Brauchen Kinder Märchen?

Hinter dem Himmel
schlafen die Märchen

Wer weiß den Weg
wer hat den Schlüssel
wer weckt sie

Wir Kinder
warten

Rose Ausländer

„Erzähl mal …" – Die Erzählgemeinschaft trägt, ist soziales Gefüge. Durch Märchen und Geschichten erfahren Kinder, wie es anderen ergeht. Sie lernen eine Sprache für ihre Gefühle und Gedanken zu entwickeln und entdecken unterschiedliche Sichtweisen. Der Sprachreichtum des Märchens fördert die gesamte Persönlichkeitsentwicklung, die Intensität der Wahrnehmung, die Kreativität, Denkmuster, Denkvorgänge und andere mentale Tätigkeiten.
Die Welt der Märchen entspricht dem magisch-mystischen Denken des Kindes. Im Märchen begegnen wir dem emotionalen, intuitiven und symbolhaften Denken. Aber auch im Alltag finden wir die Bildersprache wieder: Wir haben jemanden „zum Fressen gern", sprechen „durch die Blume", legen unsere „Hand ins Feuer", winken „mit dem Zaunpfahl", holen „die Sterne vom Himmel" … Auf dieser Sprachebene sind Märchen zu verstehen und diese verschlüsselten Sprachbilder sind dem Kind vertraut. Als symbolische Erzählungen sind Märchen wichtige Erziehungs- und Lebensbegleiter.

Geheimnisse, Ängste und Hoffnungen …

- Geheimnisse haben … Heimlichkeiten bedeuten Loslösung von Bezugspersonen, Verantwortung tragen, Ängste überwinden. Dornröschen öffnet die verbotene Tür …
- Die Hoffnung der Märchenfigur wird zur Hoffnung des Kindes. Durch Identifikation mit dem Märchenhelden oder der Märchenheldin erfährt das Kind, dass es für Probleme Lösungen finden kann.
- Märchenfiguren personifizieren das Paradox – sie sind und sind doch nicht. Kinder sehen die Doppelfunktion, aber erleben Fantasie und Wirklichkeit als gleichwertig. In diesem Schutzraum von Sein und Nicht-Sein können Kinder sich den Themen des Lebens nähern.
- Die Kinder können in jede Rolle des Märchens schlüpfen, aggressive Fantasien ausleben, Grenzen auflösen, persönliche Abwehrmechanismen entfalten … und das alles ohne schlechtes Gewissen.
- Wird im Märchen gegen Ungeheuer gesiegt, erfahren Kinder: Sie können ihre Ängste besiegen. Das Märchen selbst löst keine neuen Ängste aus. Es hilft, vorhandene, oft unbewusste Ängste zu bewältigen.
- Durch die Identifikation mit Märchenfiguren finden Kinder Antworten auf existenzielle Fragen.
- In der Realität hat das Ich Grenzen, im Märchen nicht. Hier kann das Kind Grenzen überschreiten und sich so im Schutz der Märchen seinen Gefühlen, Befürchtungen, Fantasien und Ängsten stellen und Auswege suchen.
- Grausamkeiten werden im Märchen zwar benannt, aber nicht ausführlich geschildert. So kann jedes Kind sich sein persönliches Bild entwerfen, das seiner aktuellen Lebenssituation dient. Kinder hören gerne die Stellen, an denen sie sich gruseln. Sie fühlen sich in ihren Ängsten verstanden und vom Geheimnisvollen angesprochen. Wird der „grausame Schluss" einfach weggelassen, ist der Konflikt nicht gelöst. Die Kinder finden keine Bilder mehr für ihre Ängste, Befürchtungen und Lebensziele, keine (Vor-)Bilder für Handlungsweisen und Lebenshaltungen. Im Märchen sind die – oft kleinen – Helden auf sich allein gestellt, durchleben das Geheimnisvolle und Grausame und meistern das Leben. Sie machen Kindern Mut!

Tipps für die Märchenstunde

- Die Märchenstunde sollte durch ein Ritual beginnen und enden. So werden die Kinder auf die Ebene des Märchens geführt. Das kann eine Märchenkerze sein, die vor Beginn angezündet und am Ende ausgeblasen wird, oder eine Klangkugel, die durch ihren zarten Ton die Aufmerksamkeit weckt.
- Der Ort, an dem erzählt wird, sollte besonders schön und gemütlich gestaltet werden, z. B. durch eine Mitte mit Seidentüchern, Kerzen, Naturmaterial oder Symbole des Märchens.
- Viele Kinder suchen beim Erzählen Körperkontakt und liegen dabei gerne in der Kuschelecke.
- Recht eindrucksvoll ist es, Märchen in der Natur (im Wald) zu erzählen.
- Beim Erzählen immer wieder genau den gleichen Text erzählen. Ein Erwachsener, der heute so und morgen anders von Dingen erzählt, erscheint für die Kinder nicht glaubhaft. Der gleiche Wortlaut vermittelt den Kindern auch eine überschaubare und zuverlässige (Welt-)Ordnung.
- Einfaches, schlichtes und selbstverständliches Erzählen gibt dem Wunderbaren seine Bedeutung. Nicht der Erzähler mit seinen Gedanken, Werten und Emotionen, sondern das Märchen soll im Mittelpunkt stehen. Durch das Spiel mit der Stimme gäbe der (die) Erzähler(in) den Märchenfiguren ein bestimmtes, von ihm (ihr) festgelegtes Wesen. Die Hexe des Märchens soll aber nicht die Hexe des Erzählers oder der Erzählerin sein, sondern die des zuhörenden Kindes. Das einzelne Kind interpretiert für sich seine Märchenbilder, seine innere Hexe, seinen inneren Prinzen, und begegnet somit seinen Wünschen, Hoffnungen, Sehnsüchten, Befürchtungen, Ängsten und Entwicklungen. Bei seiner individuellen Art, bestimmte Märchenfiguren zu sehen, braucht es Unterstützung: Es darf mit seinen Fantasien spielen, erhält Raum, Zeit und Materialien zur Umsetzung von Gedanken und Gefühlen.
- Beim Vorlesen eines Märchens sollte der Text flüssig gelesen und Blickkontakt zu den Kindern gehalten werden.
- Märchen dürfen nicht selbstständig gekürzt oder verändert werden. Durch Veränderungen können Ängste Erwachsener auf die Kinder projiziert werden.
- Märchen sollten immer wieder erzählt werden, denn Kinder brauchen Wiederholungen. Kinder brauchen Zeit, um sich mit ihren Empfindungen und Gedanken auseinanderzusetzen. Durch das häufige Wiederholen des Erzählens eines Märchens können die Kinder sich bestimmte Figuren und Szenen immer wieder vor Augen führen, bis sie für ihre Lebenssituation ein Bild und eine Lösung gefunden haben.

„Es war einmal …"

Märchen

Der goldene Schlüssel

Zur Winterszeit, als einmal ein tiefer Schnee lag, musste ein armer Junge hinausgehen und Holz auf einem Schlitten holen. Wie er es nun zusammengesucht und aufgeladen hatte, wollte er, weil er so erfroren war, noch nicht nach Haus gehen, sondern sich erst Feuer anmachen und ein bisschen wärmen. Da scharrte er den Schnee weg, und wie er so den Erdboden aufräumte, fand er einen goldenen Schlüssel. Nun glaubte er, wo der Schlüssel wäre, müsste auch das Schloss dazu sein, grub weiter und fand ein eisernes Kästchen. Ei, dachte er, wenn der Schlüssel nur passt! Es sind gewiss wunderbare und köstliche Sachen darin! Er suchte, aber es war kein Schlüsselloch da. Endlich fand er doch noch ein ganz kleines und versuchte, und der Schlüssel passte genau. Da drehte er ihn einmal herum, und nun müssen wir warten, bis er vollends aufgeschlossen hat, dann werden wir sehen, was darin liegt.

Nach den Brüdern Grimm

Symbolische Bilder im Märchen / Gedanken zum Märchen

- Schlüssel führen in Geheimnisse und unentdeckte Welten.
- Der Märchenheld ist arm. Er friert und denkt gewiss nicht an einen Schatz.
  So ergeht es uns in Krisen. In Schmerz und Kälte können wir unsere Kräfte
  und Möglichkeiten nicht erkennen.
- In jedem von uns liegt so ein Schatz tief verborgen.
  Wir müssen ihn nur entdecken.

Themen des Märchens

- Ausweglose Situationen
- Unverhoffte Schätze
- Verborgene Schätze in uns
- Jahreszeiten
- Fantasie

Spielen, basteln und backen zum Märchen:
Schatzsuche (S. 32); Fühlkiste Märchen (S. 39); Schatztruhe (S. 46); Zaubertee (S. 30)

Vom süßen Brei

Es war einmal ein armes, frommes Mädchen, das lebte mit seiner Mutter allein und sie hatten nichts mehr zu essen. Da ging das Kind hinaus in den Wald und ihm begegnete darin eine alte Frau, die wusste seinen Jammer schon und schenkte ihm ein Töpfchen, zu dem sollt es sagen: „Töpfchen, koch!", so kochte es guten süßen Hirsebrei, und wenn es sagte: „Töpfchen, steh!", so hörte es wieder auf zu kochen. Das Mädchen brachte den Topf seiner Mutter heim und nun waren sie ihrer Armut und ihres Hungers ledig und aßen süßen Brei, sooft sie wollten. Auf eine Zeit war das Mädchen ausgegangen, da sprach die Mutter: „Töpfchen, koch!", da kocht es und sie isst sich satt; nun will sie, dass das Töpfchen wieder aufhören soll, aber sie weiß das Wort nicht. Also kocht es fort und der Brei steigt über den Rand heraus und kocht immerzu, die Küche und das ganze Haus voll und das zweite Haus und dann die Straße, als wollt's die ganze Welt satt machen, und ist die größte Not und kein Mensch weiß sich da zu helfen. Endlich, wie nur noch ein einziges Haus übrig ist, da kommt das Kind heim und spricht nur: „Töpfchen, steh!", da steht es und hört auf zu kochen, und wenn sie wieder in die Stadt wollten, haben sie sich durchessen müssen.

Nach den Brüdern Grimm

Symbolische Bilder im Märchen / Gedanken zum Märchen

- Wundertöpfe, die niemals leer werden, finden wir in vielen Kulturen. Im Alten Testament backt eine Witwe für den Propheten Elija Brot aus einem Mehltopf, der niemals leer wird (1 Könige 17,8–16). Unsere Erde ist dieser Zaubertopf, der die Menschen ernährt und der niemals leer wird, vorausgesetzt, die Menschen wissen, wie man mit diesem Wundertopf umgehen muss.
- Das Märchen spricht auch von der Macht des gesprochenen Wortes: „Töpfchen, steh!" – und die Erde kann, was das Thema Umweltschutz und Überfluss betrifft, gerettet werden.

Themen des Märchens

- Ein Kind löst Probleme und Krisen
- Vom rechten Umgang mit den Dingen
- Verantwortung
- Umweltschutz
- Vertrauen in die Schöpfung
- Sprache, Worte bewirken etwas

Spielen, basteln und backen zum Märchen:
Märchenkreis (S. 38); Märchentruhe (S. 39); Süßer Brei (S. 27)

Dornröschen

Ein König und eine Königin kriegten gar keine Kinder. Eines Tages war die Königin im Bad, da kroch ein Krebs aus dem Wasser ans Land und sprach: „Du wirst bald eine Tochter bekommen."
Und so geschah es auch, und der König in der Freude hielt ein großes Fest, und im Lande waren dreizehn Feen, er hatte aber nur zwölf goldene Teller und konnte also die dreizehnte Fee nicht einladen. Die Feen bedachten das Kind mit allen Tugenden und Schönheiten. Wie nun das Fest zu Ende ging, so kam die dreizehnte Fee und sprach: „Ihr habt mich nicht gebeten und ich verkünde euch, dass eure Tochter in ihrem fünfzehnten Lebensjahr sich an einer Spindel in den Finger stechen und daran sterben wird." Die anderen Feen wollten dies so gut machen, als sie nur konnten, und sagten, sie solle nur hundert Jahre in Schlaf fallen.
Der König ließ aber den Befehl ausgeben, dass alle Spindeln im ganzen Reich abgeschafft werden sollten, welches geschah, und als die Königstochter nun fünfzehnjährig war und eines Tags die Eltern ausgegangen waren, so ging sie im Schloss herum und gelangte endlich an einen alten Turm. In den Turm führte eine Treppe, da kam sie zu einer kleinen Tür, worin ein gelber Schlüssel steckte, den drehte sie um und kam in ein Stübchen, worin eine alte Frau ihren Flachs spann. Und sie scherzte mit der Frau und wollte auch spinnen. Da stach sie sich an der Spindel und fiel alsbald in einen tiefen Schlaf. Da auch in dem Augenblick der König und der Hofstaat zurückgekommen war, so fing alles im Schloss an zu schlafen, bis auf die Fliegen an den Wänden. Und um das ganze Schloss zog sich eine Dornenhecke, dass man nichts davon sah.
Nach langer Zeit kam ein Königssohn in das Land, dem erzählte ein alter Mann die Geschichte, die er sich erinnerte von seinem Großvater gehört zu haben, und dass schon viele versucht hätten, durch die Dornen zu gehen, aber alle hängen geblieben wären. Als sich dieser Prinz der Dornenhecke näherte, so taten sich alle Dornen vor ihm auf und vor ihm schienen sie Blumen zu sein und hinter ihm wurden sie wieder Dornen. Wie er nun in das Schloss kam, küsste er die schlafende Prinzessin und alles erwachte von dem Schlaf und die zwei heirateten sich, und wenn sie nicht gestorben sind, so leben sie noch heute.

Nach den Brüdern Grimm

Symbolische Bilder im Märchen / Gedanken zum Märchen

- Einige Märchenfassungen erzählen von einem Frosch und einem goldenen Schlüssel, symbolisch macht das keinen Unterschied.
- Wird die dreizehnte Fee näher beschrieben, dann als schwarze Fee und nicht als böse Fee. Sie verkörpert die verwandelnde Kraft des Todes, aus der ein neuer Frühling wächst.
- Die zwölf goldenen Teller und die zwölf Feen stehen für die Sonnenmonate, die dreizehnte Fee für die Mondmonate und die Nacht.
- Dornröschen verbildlicht den Jahreskreis der Erde, den Lebenskreis des Menschen, innere Aspekte und deren Selbstheilungskräfte.
- Die Spindel kündigt Unterweltfahrten und Zauberschlaf an, ebenso den Beginn der Menstruation.
- Der Vater will Dornröschen am Erwachsenwerden hindern, Schatten von ihr fernhalten.
- Der Prinz symbolisiert die Sonne und den Mann, der sich mit einer Frau verbindet.
- Prinzen, die durch die Welt ziehen, sind auf der Suche, irren umher. Der Prinz erlöst Dornröschen vom Zauberschlaf, Dornröschen erlöst den Prinzen von seiner Wanderung durch die Welt.
- Die Hochzeit steht für die Verbindung innerer Aspekte und den Frühling.
- Die Mutter im Märchen wird nicht aktiv, sie kennt als Frau die Gesetze des Lebens.

Themen des Märchens

- Loslösung von den Eltern und anderen Bezugspersonen
- Übergangsphasen, Schwellenängste
- Pubertät, Erwachsenwerden
- Trauerarbeit und Krisen (jedem Winter folgt ein Frühling)
- Jahreszeitenwechsel
- Dornröschen ist ein Auferstehungsmärchen

Spielen, basteln und backen zum Märchen:
Dornröschen war ein schönes Kind – Lied und Tanz (S. 33–36); Rosenhecke (S. 44); Zauberstäbe (S. 27); Feencreme (S. 28)

Die Wichtelmänner

Es war ein Schuster ohne seine Schuld so arm geworden, dass ihm endlich nichts mehr übrig blieb als Leder zu einem einzigen Paar Schuhe. Nun schnitt er am Abend die Schuhe zu, die wollte er den nächsten Morgen in Arbeit nehmen. Weil er ein gutes Gewissen hatte, so legte er sich ruhig zu Bett, befahl sich dem lieben Gott und schlief ein.

Morgens, nachdem er sein Gebet verrichtet hatte und sich zur Arbeit niedersetzen wollte, so standen die beiden Schuhe ganz fertig auf dem Tisch. Er nahm die Schuhe in die Hand, um sie näher zu betrachten: Sie waren so sauber gearbeitet, dass kein Stich daran falsch war, gerade als wenn es ein Meisterstücke sein sollte. Bald darauf trat auch schon ein Käufer ein, und weil ihm die Schuhe so gut gefielen, so bezahlte er mehr als gewöhnlich dafür, und der Schuster konnte von dem Geld Leder zu zwei Paar Schuhen erhandeln. Er schnitt sie abends zu und wollte den nächsten Morgen mit frischem Mut an die Arbeit gehen, aber er brauchte es nicht, denn als er aufstand, waren sie schon fertig, und es blieben auch nicht die Käufer aus, die ihm so viel Geld gaben, dass er Leder zu vier Paar Schuhen einkaufen konnte. Er fand frühmorgens auch die vier Paar fertig; und so ging's immer fort; was er abends zuschnitt, das war am Morgen verarbeitet, also dass er bald wieder sein ehrliches Auskommen hatte und endlich ein wohlhabender Mann ward.

Nun geschah es eines Abends, nicht lange vor Weihnachten, als der Mann wieder zugeschnitten hatte, dass er vor dem Schlafengehen zu seiner Frau sprach: „Wie wär's, wenn wir diese Nacht aufblieben, um zu sehen, wer uns solche hilfreiche Hand leistet?" Die Frau war's zufrieden und steckte ein Licht an: Darauf verbargen sie sich in den Stubenecken hinter den Kleidern, die da aufgehängt waren, und gaben Acht. Als es Mitternacht war, da kamen zwei kleine, niedliche nackte Männlein, setzten sich vor des Schusters Tisch, nahmen alle zugeschnittene Arbeit zu sich und fingen an, mit ihren Fingerlein so behend und schnell zu stechen, zu nähen, zu klopfen, dass der Schuster vor Verwunderung die Augen nicht abwenden konnte. Sie ließen nicht nach, bis alles zu Ende gebracht war und fertig auf dem Tische stand, dann sprangen sie schnell fort.

Am anderen Morgen sprach die Frau: „Die kleinen Männer haben uns reich ge-macht, wir müssten uns doch dankbar dafür bezeigen. Sie laufen so herum, haben nichts am Leib und müssen frieren. Weißt du was? Ich will Hemdlein, Rock, Wams und Höslein für sie nähen, auch jedem ein Paar Strümpfe stricken; mach du jedem ein Paar Schühlein dazu." Sprach der Mann: „Das bin ich wohl zufrie-den", und abends, wie sie alles fertig hatten, legten sie die Geschenke statt der zugeschnittenen Arbeit zusammen auf den Tisch und versteckten sich dann, um mit anzusehen, wie sich die Männlein dazu anstellen würden. Um Mitternacht kamen sie herangesprungen und wollten sich gleich an die Arbeit machen; als sie aber kein zugeschnittenes Leder, sondern die niedlichen Kleidungsstücke fanden, verwunderten sie sich erst, dann aber bezeigten sie eine gewaltige Freude. Mit der größten Geschwindigkeit zogen sie sich an, strichen die schönen Kleider am Leib und sangen: „Sind wir nicht Knaben glatt und fein? Was sollen wir länger Schuster sein!" Dann hüpften und tanzten sie und sprangen über die Stühle und Bänke. Endlich tanzten sie zur Türe hinaus. Von nun an kamen sie nicht wieder, dem Schuster aber ging es wohl, solang er lebte, und es glückte ihm alles, was er unternahm.

Nach den Brüdern Grimm

Gedanken zum Märchen

- Noch heute glaubt man in nordischen Ländern, auf Island und in Irland an Feen und Wichtel.
- Einer der bekanntesten Wichtel ist Tomte Tumetodt, dem auch Astrid Lindgren ein Buch gewidmet hat.

Themen des Märchens

- Es gibt wunderbare Kräfte, die uns tragen.
- Bescheidenheit: Wir nehmen vom Leben/von der Schöpfung nur das, was wir brauchen.
- „Dankbarkeit ist die Gegenwart Gottes", eine Botschaft vieler Märchen.

Spielen, basteln und backen zum Märchen:
Märchen malen (S. 43); Märchenzelt (S. 43); Wichtelbrote (S. 28)

Die Bienenkönigin

Zwei Königssöhne gingen einmal auf Abenteuer und gerieten in ein wildes, wüstes Leben, sodass sie gar nicht wieder nach Haus kamen. Der Jüngste, welcher der Dummling hieß, ging aus und suchte seine Brüder; aber wie er sie fand, verspotteten sie ihn, dass er mit seiner Einfalt sich durch die Welt schlagen wolle, da sie zwei nicht durchkämen und wären doch viel klüger.

Da zogen sie miteinander fort und kamen an einen Ameisenhaufen; die zwei Ältesten wollten ihn aufwühlen und sehen, wie die kleinen Ameisen in der Angst herumkröchen und ihre Eier forttrügen, aber der Dummling sagte: „Lasst die Tiere in Frieden, ich leid's nicht, dass ihr sie stört!" Da gingen sie weiter und kamen an einen See, auf dem schwammen viele Enten. Die zwei Brüder wollten ein paar fangen und braten, aber der Dummling sagte wieder: „Lasst die Tiere in Frieden, ich leid's nicht, dass ihr sie tötet!" Endlich kamen sie an ein Bienennest, darin war so viel Honig, dass er am Stamm herunterlief. Die zwei wollten Feuer unter den Baum legen und die Bienen ersticken, damit sie den Honig wegnehmen könnten. Der Dummling hielt sie aber wieder ab und sprach: „Lasst die Tiere in Frieden, ich leid's nicht, dass ihr sie verbrennt!"

Da kamen die Brüder auf ein Schloss, wo in den Ställen steinerne Pferde standen, auch war kein Mensch zu sehen, und sie gingen durch alle Säle, bis sie vor eine Türe ganz am Ende kamen, davor hingen drei Schlösser; es war aber mitten in der Türe ein Lädlein, dadurch konnte man in die Stube sehen. Da sahen sie ein graues Männchen an einem Tische sitzen, das riefen sie an, einmal, zweimal, aber es hörte nicht. Endlich riefen sie zum dritten Mal, da stand es auf und kam heraus. Es sprach aber kein Wort, sondern fasste sie an und führte sie zu einem reich gedeckten Tisch; und als sie gegessen und getrunken hatten, führte es jeden in ein Schlafgemach.

Am andern Morgen kam es zu dem Ältesten, winkte ihm und brachte ihn zu einer steinernen Tafel, darauf standen die drei Aufgaben geschrieben, wodurch das Schloss erlöst werden konnte. Die erste war: Im Wald unter dem Moos lagen die tausend Perlen der Königstochter, die mussten aufgesucht werden, und wenn vor Sonnenuntergang noch eine einzige fehlte, so ward der, welcher gesucht hatte, zu Stein. Der Älteste ging hin und suchte den ganzen Tag, als aber der Tag zu Ende war, hatte er erst hundert gefunden; es folgte, wie auf der Tafel stand, und er ward zu Stein verwandelt.

Am folgenden Tag unternahm der zweite Bruder das Abenteuer; es ging ihm nicht besser als dem ältesten, er fand nicht mehr als zweihundert Perlen und ward zu Stein. Endlich kam auch an den Dummling die Reihe, der suchte im Moos, es war aber so schwer, die Perlen zu finden, und ging so langsam!

Da setzte er sich auf einen Stein und weinte. Und wie er so dasaß, kam der Ameisenkönig, dem er einmal das Leben gerettet hatte mit fünftausend Ameisen, und es währte gar nicht lang, so hatten diese die Perlen miteinander gefunden und auf einen Haufen getragen.

Die zweite Aufgabe aber war, den Schlüssel zu der Schlafkammer der Königstochter aus der See zu holen. Wie der Dummling zur See kam, schwammen die Enten, die er einmal gerettet hatte, heran, tauchten unter und holten den Schlüssel aus der Tiefe.

Die dritte Aufgabe aber war die schwerste: Aus den drei schlafenden Töchtern des Königs sollte die jüngste und liebste herausgesucht werden. Sie glichen sich aber vollkommen und waren durch nichts verschieden, als dass die älteste ein Stück Zucker, die zweite Sirup, die jüngste einen Löffel Honig gegessen hatte, und es war bloß am Hauch zu erkennen, welche den Honig gegessen hatte. Da kam aber die Bienenkönigin von den Bienen, die der Dummling vor dem Feuer geschützt hatte, und versuchte den Mund von allen dreien, zuletzt blieb sie auf dem Mund sitzen, der Honig gegessen hatte, und so erkannte der Königssohn die rechte.

Und da war aller Zauber vorbei, alles war aus dem Schlaf erlöst, und wer von Stein war, erhielt seine menschliche Gestalt wieder. Und der Dummling vermählte sich mit der Jüngsten und Liebsten und ward König nach ihres Vaters Tod; seine zwei Brüder aber nahmen die beiden andern Schwestern zur Frau.

Nach den Brüdern Grimm

Symbolische Bilder im Märchen / Gedanken zum Märchen

- Der sogenannte Dummling achtet die Schöpfung und ihre Lebewesen. Die Schöpfung dankt es ihm.
- Aus Tränen werden Perlen – das ist ein sehr altes Motiv. „Wer Tränen sät, wird Perlen ernten."
  Der Jüngste löst die Versteinerung mit Tränen auf. Er will nicht erzwingen, was er nicht ohne Hilfe
  erreichen kann, und übergibt sein Schicksal höheren, wunderbaren Kräften.
- Tränen galten schon immer als Zeichen der Fruchtbarkeit.
- Die Versteinerung ist ein Bild für Entwicklungsstillstand.
- Bienen symbolisieren die Süße des Lebens, Sommer und Fruchtbarkeit und damit Zukunft.
- Alte Göttinnen hatten als Attribut den Bienenstock.
- Es geht auch um die Nachfolge des Erbprinzen: Zukunft wird gesichert durch Einklang mit der
  Schöpfung.

Themen des Märchens

- Erkenntnis, dass alles – auch das noch so Kleine –
  in der Schöpfung seinen Sinn hat
- Der Mensch als Teil der Schöpfung
- Umweltschutz
- Märchenhelden gelangen zum Ziel, wenn sie
  nur das von der Natur nehmen, was sie auch
  brauchen.

Spielen, basteln und backen zum Märchen:
Im Zauberwald (S. 36); Bienenschwarm (S. 40); Summ, summ, summ (S. 41); Schmetterlingsdruck (S. 45);
Laterne für den Märchenwald (S. 47); Honigkuchen-Plätzchen von der Bienenkönigin (S. 29);
Honigmilch (S. 30)

Sterntaler

Es war einmal ein kleines Mädchen, dem waren Vater und Mutter gestorben, und es war so arm, dass es kein Kämmerchen mehr hatte, darin zu wohnen, und kein Bettchen mehr, darin zu schlafen, und endlich gar nichts mehr als die Kleider auf dem Leib und ein Stückchen Brot in der Hand, das ihm ein mitleidiges Herz geschenkt hatte.

Es war aber gut und fromm. Und weil es so von aller Welt verlassen war, ging es im Vertrauen auf den lieben Gott hinaus ins Feld. Da begegnete ihm ein armer Mann, der sprach: „Ach, gib mir etwas zu essen, ich bin so hungrig!" Es reichte ihm das ganze Stückchen Brot und sagte: „Gott segne dir's!", und ging weiter. Da kam ein Kind, das jammerte und sprach: „Es friert mich so an meinem Kopfe, schenk mir etwas, womit ich ihn bedecken kann!" Da tat das Mädchen seine Mütze ab und gab sie ihm. Und als es noch eine Weile gegangen war, kam wieder ein Kind und hatte kein Leibchen an und fror: Da gab es ihm seins; und noch weiter, da bat eins um ein Röcklein, das gab es auch von sich hin. Endlich gelangte es in einen Wald, und es war schon dunkel geworden, da kam noch ein Kind und bat um ein Hemdlein, und das fromme Mädchen dachte: „Es ist dunkle Nacht, da sieht dich niemand, du kannst wohl dein Hemd weggeben", und zog das Hemd ab und gab es auch noch hin. Und wie es so stand und gar nichts mehr hatte, fielen auf einmal die Sterne vom Himmel und waren lauter blanke Taler; und ob es gleich sein Hemdlein weggegeben, so hatte es ein neues an und das war vom allerfeinsten Linnen. Da sammelte es sich die Taler hinein und war reich für sein Lebtag.

Nach den Brüdern Grimm

Symbolische Bilder im Märchen / Gedanken zum Märchen

- Die Wurzeln des Märchens liegen weit zurück, Verbindungen werden auch zu keltischen Goldmünzen (Regenbogenschüsselchen) gesehen.
- Nach alter Vorstellung spann und webte die Göttin das Sommerkleid der Erde, das sich mit dem Winter auflöste. Die Natur lässt los, fällt in Winterschlaf und bereitet sich in der Zeit der Ruhe auf das neue Leben vor. Wie die Erde, so der Mensch!
- Im Germanischen steht der Begriff für „Hemd" auch für „Seele". Das Wort „Nackheit" bedeutet im Sanskrit „himmelsbekleidet". Der „himmlische Schutz" (Bekleidung) begleitet uns; er ist auch in der Dunkelheit und Leere anwesend.
- Das Märchen verweist auf eine göttliche Existenz. Es beschreibt mit seinen Bildern ein Umsorgtsein des Menschen im Geschehen und Kreislauf der Schöpfung.
- „Das letzte Hemd hergeben" – darum geht es in diesem Märchen nicht, auch wenn das Teilen und die Selbstlosigkeit eine bedeutende Rolle spielen. Das Kind hat in seiner Entwicklung auch das Recht auf Egoismus und braucht einen Raum, in dem es beides – Selbstlosigkeit und Egoismus – erproben kann.
- Das Wechseln von Kleidung ist Zeichen für veränderte Lebensbedingungen und damit verbundene Entwicklungen. Solche Übergangsphasen sind mit Angst besetzt.
- Nur wenn wir das Alte loslassen (verschenken), kann Neues erstrahlen.

Symbol „Stern"

- Der Stern zählt zu den ältesten Symbolen der Menschheit.
- Sterne symbolisieren vor allem inneren Reichtum und Lebenserfahrung.
- Sie zeigen den Weg durch die Nacht und geben Orientierung
  (z. B. auf hoher See und in der Wüste).
- Sie sind Wegweiser im realen und symbolischen Sinn, stehen für Unendlichkeit
  und Hoffnung.
- Schon viele Dichter haben versucht, die Faszination des Sternenhimmels
  in Worte zu fassen.
- In der Bibel sind Sterne Botschafter, stehen für Ordnung, Gerechtigkeit, Segen,
  besondere Auszeichnung und sind Wegweiser zur Krippe.

Themen des Märchens

- Das Märchen macht Mut, neue, unbekannte Wege zu gehen.
- Auch Kleine können alleine etwas bewältigen.
- Der Wechsel in der Schöpfung von Licht und Dunkel, Kargheit und Fülle
  wird beschrieben – wie die Schöpfung, so der Mensch.

Spielen, basteln und backen zum Märchen:
Traumreise (S. 42); Sternenhimmel gestalten (S. 46); Süße Sternenschnur (S. 31);
Sternenbowle (S. 31)

Märchenhafte Rezepte

Backen

Wie Erzählkultur ist gemeinsames Kochen von großer Bedeutung. Kinder kochen und backen gerne! Dabei werden ihnen wichtige soziale, emotionale und kognitive Fähigkeiten vermittelt, ihr motorisches Geschick und die Sinne werden angeregt. Im Rahmen einer ausgewogenen Ernährung ist auch Süßes erlaubt und an einem Märchenfest darf einmal etwas mehr genascht werden. Die Zeit der niedrigen Küchenarbeit ist im Märchen die hohe Zeit der Einweihung.

Grundrezepte für verschiedene Anlässe

Hefeteig

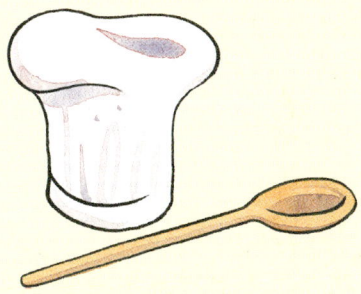

Zutaten:
500 g Mehl, 30 g Hefe,
30–80 g Zucker,
1/4 l lauwarme Milch,
60 g geschmolzene Butter,
1 Ei, 1 P. Salz

Durchführung:
Das Mehl in eine Schüssel sieben und eine Mulde hineindrücken. In die Mulde die Hefe hineinbröckeln und mit etwas Zucker, der Milch und etwas Mehl verrühren. Diesen Vorteig mit einem Tuch abdecken und ca. 15 Min. ruhen lassen, bis der Teig an der Oberfläche Risse zeigt. Dann die restlichen Zutaten dazugeben, alles verrühren und den Teig kräftig kneten, bis er Blasen wirft. Ca. 15 Min. gehen lassen, bis sich das Volumen des Teiges deutlich vergrößert hat. Backofen auf ca. 200 °C vorheizen. Die Backzeit richtet sich nach der Form des Brotes oder Kuchens: 25–50 Min.

Backen

Quarkölteig

Zutaten:	150 g Magerquark, 6 EL Öl, 6 EL Milch, 1 Prise Salz, 300 g Mehl, 1 P. Backpulver
Durchführung:	Den Backofen auf 170–180 °C vorheizen. Magerquark, Öl, Milch und Salz mit einem Schneebesen oder Mixer gut verrühren. Das Mehl sieben und mit dem Backpulver mischen. Nach und nach das Mehl unter die Quarkmasse mischen und alles gut verkneten, bis sich der Teig vom Schüsselrand löst. Backzeit: 20–30 Min.
Süße Variante:	70–120 g Zucker und 1 P. Vanillinzucker unter die Quarkmasse rühren.
Herzhafte Variante:	2 Prisen Salz und/oder Kräuter unter die Quarkmasse rühren.

Tipp!
Quarkölteig kann wie Hefeteig eingesetzt werden.

Süßer Brei

Wie hieß noch mal das Zauberwort?

Zutaten: 150 g Hirse,
300 g fettarme Milch,
60 g Honig

Zubereitung: Hirse und Milch aufkochen und im gut verschlossenen Topf bei kleinster Wärmezufuhr 15 Min. quellen lassen, dann den Honig unterrühren.

Tipp!
Süßer Brei kann auch mit Reis oder Grieß gekocht werden.

Zauberstäbe

… für viele kleine Feen und Zauberer

Zutaten: Rezept Hefe- oder Quarkölteig (siehe S. 25/26),
ganze Haselnüsse, Eigelb

Zubereitung: Einen leicht süßen Hefe- oder Quarkölteig herstellen. Den Teig ausrollen (ca. 1 cm dick) und längliche Rechtecke ausschneiden. Die Rechtecke mit ganzen Haselnüssen belegen und zu einem Zauberstab formen, dabei die Teigränder mit Eigelb bestreichen. Für jeden Stab aus dem Teig einen Stern ausstechen, den Stab mit Eigelb bestreichen und den Stern darauf legen, bei 180 °C ca. 20 Min. backen.

27

Feencreme

Alle werden diesen Nachtisch vom großen Festmahl zu Dornröschens Geburt lieben …

Zutaten: 1 kleine unbehandelte Zitrone, 75 g Zucker, 2 P. Vanillinzucker, 1 P. Sahnepuddingpulver, 300 g Magerjoghurt, 200 g Sahne, weiße Schokoraspel

Zubereitung: Geriebene Zitronenschale, Zitronensaft, Zucker, Vanillinzucker und Puddingpulver mit dem Joghurt verrühren. Die Masse unter ständigem Rühren aufkochen und auch unter Rühren abkühlen lassen. Steifgeschlagene Sahne unter den abgekühlten Joghurt mischen und 2 Stunden kalt stellen, mit weißen Schokoraspeln garnieren.

Wichtelbrote

Vielleicht können wir auch den Tisch für die Wichtel mit Puppengeschirr passend decken?

Aus Hefeteig oder Quarkölteig kleine längliche Brote formen, wie ein Brot einritzen und backen.

Honigkuchen-Plätzchen von der Bienenkönigin

Zutaten für etwa 30 Plätzchen:
1 gestrichener EL Puderzucker, 120 g flüssiger Honig,
1 P. Vanillinzucker, 1 Ei, 250 g Weizenmehl,
1 gestrichener TL Backpulver, Backpapier,
Blütenausstecher, 200 g Puderzucker, ca. 2 EL Wasser

Zubereitung: Den Backofen auf 180 °C vorheizen. Den Puderzucker in eine Rührschüssel sieben, Honig, Vanillinzucker und das Ei hinzufügen und alles verrühren. Das Mehl mit dem Backpulver mischen, zur Honigmasse geben und unterkneten. Ein Backblech mit Backpapier belegen. Den Teig auf einer leicht bemehlten Arbeitsfläche ca. 1/2 cm dick ausrollen, Blüten ausstechen, auf das Backblech legen und ca. 10 Min. backen. Die gebackenen Plätzchen auf einem Kuchenrost erkalten lassen. Für den Guss: Den Puderzucker in eine Schale sieben und mit dem Wasser zu einer dickflüssigen, spritzfähigen Masse verrühren. Den Guss in einen kleinen Gefrierbeutel füllen, eine kleine Ecke unten am Beutel abschneiden und dann die erkalteten Plätzchen verzieren.

Tipp!
Färbt man den Guss mit Lebensmittelfarbe, werden die Blüten schön bunt.

29

Honigmilch

Honigmilch ist ein leckeres Getränk aus dem Märchenland.

Milch in einem großen Becher erwärmen und –
je nach Geschmack – Honig hineingeben.

Zaubertee

Schön kuschelig warm für jede Märchenstunde …

Zutaten für mehrere Zaubertees:
2 EL Orangenblüten, 1 EL Pfefferminzblätter, 1 EL Salbei, 2 EL Lindenblüten

Zubereitung: 1 TL der Kräutermischung mit einer Tasse kochendem Wasser
übergießen und 5–10 Min. ziehen lassen … und vielleicht doch
noch ein wenig Honig von der Bienenkönigin dazugeben.

Süße Sternenschnur

Zutaten:
150 g Mehl, 50 g Speisestärke, 100 g kalte Butterflöckchen, 100 g Zucker, 1 Ei, 1 Prise Salz, Sternen-Ausstechförmchen, Backpapier, dicke Nadel, „süße Schnüre" (aus Gummibärchen-masse zu kaufen)

Zubereitung:
Das Mehl und die Speisestärke mischen und mit den Butterflöck-chen und allen anderen Zutaten zu einem Teig verkneten. Den Teig 1 Stunde kühl stellen. Dann den Teig ca. 0,5 cm dick aus-rollen, mit den Ausstechförmchen Sterne ausstechen und auf ein mit Backpapier ausgelegtes Backblech legen. Mit einer Nadel bei jedem Stern ein Loch in eine der Sternspitzen drücken. Dann alles im vorgeheizten Backofen bei 180 °C ca. 10–15 Min. backen. Die Sterne nach dem Abkühlen auf die „süßen Schnüre" fädeln und aufhängen.

Sternenbowle

Zutaten:
Fruchtsäfte, Früchtetee, evtl. Honig, Sternenfrüchte (Karambole)

Zubereitung:
Die Fruchtsäfte mit dem Früchtetee mischen, eventuell mit Honig süßen und Scheiben von Sternenfrüchten (Karambole) hinzugeben.

Lied, Spiel und Tanz

Bewegungsspiel

Schatzsuche

Material: viele, viele Dinge in vielen, vielen Größen, Formen und Farben; Krone aus Goldpapier, großer Korb

Durchführung: In der Mitte des Raumes steht ein großer Korb. Der (die) Leiter(in) spricht: „Es war einmal ein(e) König(in), der (die) war ein(e) große(r) Sammler(in). Er (sie) hieß …" Hier nennt der (die) Leiter(in) den Namen eines Kindes. Das Kind darf sich die Krone auf den Kopf setzen und stellt sich in die Mitte des Zimmers neben den großen Korb. Das Kind spricht: „Ich sammle alles, was … (rund, rot, sehr klein, spitz, glatt …) ist." Nun laufen die anderen Kinder los, suchen jeweils einen entsprechenden Gegenstand und legen ihn in den Korb. In jeder Spielrunde darf ein anderes Kind König oder Königin sein.

Dornröschen war ein schönes Kind

1. Dorn - rös - chen war ein schö - nes Kind, schö - nes Kind, schö - nes Kind, Dorn - rös - chen war ein schö - nes Kind, schö - nes Kind.

2.   Dornröschen, nimm dich ja in Acht, ja in Acht, ja in Acht.
   Dornröschen, nimm dich ja in Acht, ja in Acht.

3.   Da kam die schwarze Fee herein, Fee herein, Fee herein.
   Da kam die schwarze Fee herein und sprach zu ihr:

4.   „Dornröschen, schlafe hundert Jahr, hundert Jahr, hundert Jahr.
   Dornröschen, schlafe hundert Jahr, hundert Jahr."

5.   Da wuchs die Hecke riesengroß, riesengroß, riesengroß.
   Da wuchs die Hecke riesengroß um das Schloss.

6. Da kam ein junger Königssohn, Königssohn, Königssohn.
   Da kam ein junger Königssohn, sagte leis:

7. „Dornröschen, holdes Mägdelein, Mägdelein, Mägdelein.
   Dornröschen, holdes Mägdelein, wache auf!"

8. Dornröschen wachte wieder auf, wieder auf, wieder auf.
   Dornröschen wachte wieder auf, wieder auf.

9. Sie feierten ein großes Fest, großes Fest, großes Fest.
   Sie feierten ein großes Fest, Hochzeitsfest.

10. Und wenn sie nicht gestorben sind, gestorben sind, gestorben sind.
    Und wenn sie nicht gestorben sind, leb'n sie heute noch.

Text und Melodie: *überliefert*

Tanz zum Lied

Material: Stuhl, kleine Krone, schwarzes Tuch, Holzschwert an einem Gürtel

Kinder und Leiter(in) bilden einen Kreis. Ein Kind darf Dornröschen sein, bekommt eine kleine Krone aufgesetzt und setzt sich in die Mitte des Kreises auf den Stuhl, ein weiteres Kind spielt die schwarze Fee (schwarzes Tuch um die Schultern binden) und ein drittes den Köngissohn (Schwert um die Hüfte binden). Nun singen alle gemeinsam das Lied „Dornröschen war ein schönes Kind" und führen bei den einzelnen Strophen folgende Bewegungen aus.

1. Strophe: Die Kinder im Kreis fassen sich an den Händen und laufen im Kreis herum.

2. Strophe: Die Kinder stehen im Kreis und heben warnend den rechten Zeigefinger.

3. Strophe: Die schwarze Fee tritt in die Kreismitte und hebt die Hände über Dornröschen, um sie zu verzaubern.

4. Strophe: Eine mutige schwarze Fee singt diese Strophe alleine und stellt sich danach mit in den Kreis. (Alle Kinder können diese Strophe aber auch gemeinsam singen.) Dornröschen legt sich während des Gesangs vor den Stuhl auf den Boden und schläft ein.

5. Strophe: Die Kinder fassen sich an den Händen, tanzen in Richtung Mitte und bilden so die riesengroße Hecke.

6. Strophe: Der Königssohn tritt an die „Hecke" und teilt sie mit seinem Schwert. Die Kinder ziehen den Kreis wieder auseinander und senken die Arme.

7. Strophe: Ein mutiger Königssohn singt diese Strophe alleine oder es singen alle. Der Königssohn beugt sich dabei über das schlafende Dornröschen.

8. Strophe: Die Kinder klatschen im Rhythmus des Liedes. Der Königssohn gibt Dornröschen einen Kuss und sie wacht wieder auf.

9. Strophe: Dornröschen und der Königssohn tanzen in der Kreismitte und alle anderen fassen sich an den Händen und tanzen im Kreis um sie herum.

10. Strophe: Jedes Kind fasst ein anderes Kind an beiden Händen und tanzt zur letzten Strophe.

Im Zauberwald

Ziel: Bewegung und Ruhe erfahren, eine Position des Körpers halten, auf Signale reagieren, Fantasie entwickeln und fördern

Durchführung: Die Kinder bewegen sich durch den Raum. Auf ein akustisches oder optisches Signal hin nehmen sie die Form/Haltung einer Märchenfigur oder eines Motivs ein und halten diese bis zum nächsten Signal.

„Spieglein, Spieglein …" – Ich schaue in den Zauberspiegel

Die Kinder lernen den eigenen Körper und die mit ihm verbundenen unerschöpflichen kreativen Bewegungsmöglichkeiten kennen.

Material: große Spiegel

Durchführung: *Nur so viele Kinder stehen vor einem Spiegel, dass das einzelne Kind genügend Raum hat, sich spontan zu bewegen. Der (die) Leiter(in) spricht:*

„Schaue ich in den Zauberspiegel,
so sehe ich zunächst nur mein Gesicht.
Dann sage ich zu mir selbst:
‚Ich spiele jetzt, dass ich ganz böse bin'
(mich freue, traurig bin, wie Rumpelstilzchen ums Feuer hüpfe, wie ein(e)
König(in) hin und her schreite …)
… und – sieh nur – nun bin ich ganz
böse (freue ich mich …)."

Die Kinder können dann selbst Wünsche äußern und vor dem Spiegel zum Ausdruck bringen.

Wichtig!
Spiele vor dem Spiegel sind immer freiwillig. Stille und ängstliche Kinder sollten erst langsam an die Möglichkeit, Gefühle und Wünsche mit dem ganzen Körper auszudrücken, heran-geführt werden.

Märchenkreis

Material: meditative Musik, Kerze, Streichhölzer, Gegenstände bekannter Märchen

Durchführung: Die Kinder versammeln sich bei leiser meditativer Musik im Kreis. In der Kreismitte brennt eine Kerze. Um die brennende Kerze herum werden nun die Gegenstände bekannter Märchen gelegt. Alle sind still, betrachten den „Märchenkreis", lassen die Gegenstände auf sich wirken. Dann wird jedes Kind einzeln gebeten, den Kreis zu betreten und sich einen Gegenstand auszuwählen. Mit diesem Gegenstand kehrt es leise zu seinem Platz zurück. Wenn alle Kinder einen Gegenstand ausgewählt haben, darf derjenige/diejenige, der/die möchte, etwas zu seiner/ihrer Wahl oder zum Gegenstand selbst sagen.

Weiterführende Aktionen:
- Die Kinder malen den von ihnen gewählten Gegenstand.
- Die Kinder fertigen ein Märchen-mandala zu ihrem Gegenstand an.

Fühlkiste Märchen

Im Gruppenraum, Klassen- oder Kinderzimmer steht eine Fühlkiste, die mit Märchensymbolen gefüllt ist.

Märchentruhe

Eine Verkleidungskiste, deren Inhalt den Kindern ermöglicht, in verschiedene Rollen der Märchen zu schlüpfen.

Inhalt: Stoffe, Kleidung, Schuhe, Hüte, Schminkfarben, Spiegel und vieles mehr …

Bienenschwarm

Der (die) Leiter(in) steht in der Mitte des Raumes und spricht:

- Wir „fliegen" durch den Raum und begrüßen uns mit „summ".

(Die Kinder laufen umher, begrüßen einander und erfahren den Raum.)

- Nun sitzen wir auf einer Blüte und streifen die Pollen von unseren Flügeln.

(Die Kinder bleiben stehen und klopfen sich selbst die Arme ab.)

- Wir schauen umher und sehen: Das ist hier ja eine große Blumenwiese! Und dieser Duft! Wir atmen genüsslich durch die Nase ein und sagen ein wohliges „Ahhhh!"

(Die Kinder atmen tief ein und erleben dann bewusst ihre Stimme.)

- Dann müssen wir einfach losfliegen. Wir fliegen von Blüte zu Blüte und singen unser Bienenlied: „Ssssssssssssssssssssssssssssssssss …"

(Die Kinder laufen durch den Raum, bewegen die Arme wie Flügel und summen.)

Tipp!
Zum Abschluss dieser Körpererfahrung gemeinsam das Lied „Summ, summ, summ" singen.

Summ, summ, summ

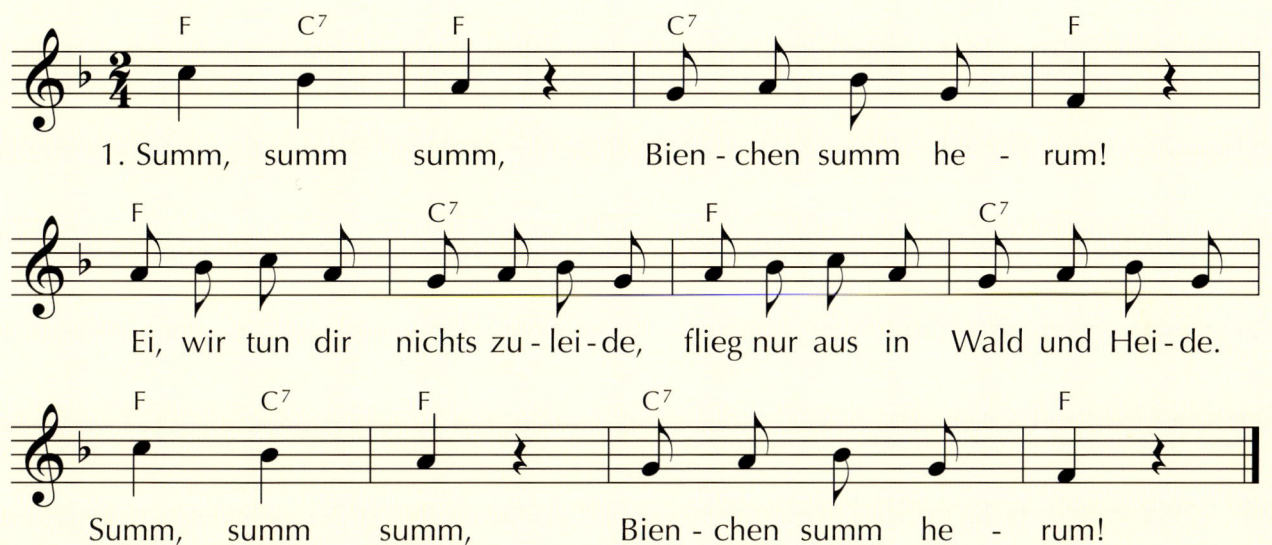

1. Summ, summ summ, Bien - chen summ he - rum!
Ei, wir tun dir nichts zu - lei - de, flieg nur aus in Wald und Hei - de.
Summ, summ summ, Bien - chen summ he - rum!

2. Summ, summ, summ, Bienchen, summ herum!
Such in Blumen, such in Blümchen
dir ein Tröpfchen, dir ein Krümchen!
Summ, summ, summ, Bienchen, summ herum!

3. Summ, summ, summ, Bienchen, summ herum!
Kehre heim mit reicher Habe,
bau uns manche volle Wabe!
Summ, summ, summ, Bienchen, summ herum!

Text: *Hoffmann von Fallersleben (1842)*
Melodie: *überliefert*

Traumreise

*Eine Mitte mit Kerzen und Sternen legen,
für jedes Kind eine Unterlage zum Liegen
ausbreiten, leise meditative Musik, der Raum
ist abgedunkelt.*

*Die Kinder betreten leise den Raum, suchen
sich eine Unterlage aus und legen sich hin.
Der (die) Leiter(in) spricht:*

Ich schließe meine Augen.
Nun achte ich auf meinen Atem.
Beim Einatmen wird mein Bauch dick
und beim Ausatmen dünn.
Ich atme langsam und gleichmäßig.
Ich komme zur Ruhe.

Ich lade dich ein zu einer Traumreise:
Draußen ist es dunkel.
Die Erde schläft.
Ich bin wach und schaue zum Sternenhimmel
hinauf –
eine wunderschöne Zauberwelt …
Wie mag es sein, da oben bei den Sternen?
Ich träume davon, zu den Sternen zu reisen.
Ich suche mir einen Stern aus und besuche ihn.

Wie sieht er aus, mein Stern?
Wie riecht er?
Wie fühlt er sich an?

*(Den Kindern ausreichend Zeit zum Träumen
lassen.)*

Nun muss ich meinen Stern wieder verlassen.
Langsam komme ich zurück in diesen Raum.
Ich fühle, dass ich auf meiner Matte liege.
Ich achte auf meinen Atem.
Nun recke und strecke ich mich.
Wenn ich wach bin, setze ich mich auf.

*Wer möchte, darf nun von seinem Stern erzählen,
oder jedes Kind malt ein Bild von seinem Stern.*

Kreatives Gestalten

Malen / Basteln

Märchen malen

Beim Malen drücken die Kinder Berührungen des Märchens aus und verarbeiten gleichzeitig persönliche Themen.

Material: Papier, Wachskreiden, Gouachefarben,
     Wasserfarben, Holzstifte

Tipp!
Aus den entstandenen Märchenbildern kann ein Buch gebunden werden, das allen Kindern zum Immer-wieder-Anschauen zur Verfügung steht.

Märchenzelt

Material: Moskitonetz, märchenhaftes Dekorationsmaterial

Durchführung: Das Netz wird mit märchenhaftem Material geschmückt und dann an der Raumdecke befestigt.

Tipp!
Mit Sitzkissen, Matratzen oder gemütlichen Sofas entsteht so ein kuscheliger, geborgener Raum – ein idealer Ort zum Hören und Erzählen von Märchen und zum Träumen …

Rosenhecke

Material:	grüne Wellpappe, Schere, Krepppapier (rot, weiß, grün), Hefter, Draht, Kneifzange, grünes Klebeband
Durchführung:	In die Wellpappe (falls grau, grün anmalen) kleine Öffnungen hineinschneiden; aus dem roten und weißen Krepppapier ca. 5–10 cm (je nach Rosengröße) breite Streifen schneiden, die Streifen zusammenraffen und mit dem Hefter zusammenklammern. Vom Draht ca. 20–30 cm große Stücke abkneifen und die Drahtstücke fest mit grünem Krepppapier umwickeln. Das Krepppapier am Stielende festklammern oder mit grünem Klebeband festkleben. Dann die Rosen in die vorbereiteten Öffnungen der Wellpappe stecken und die Wellpappe an einer Wand des Raumes befestigen.

Tipp!
Eine Hecke aus lauter Rosen muss einfach duften! Ein wenig Eau de Toilette –
auf die Wand gesprüht – und schon stehen wir vor Dornröschens Schloss …
Die Rosenhecke ist ein schöner Schmuck unter dem Märchenzelt.

Schmetterlingsdruck

Künstlerische Ausdrucksformen, die sich beim Malen des Zufalls bedienen und durch verschiedene Techniken den Zufallsmoment herausarbeiten, regen die Kreativität an und entsprechen in ihrer Offenheit dem Märchen. Sie fördern eine Lebenshaltung, die sich auf offene Prozesse einlässt. Das Erleben von schnell sichtbarem Erfolg steigert die Motivation und Selbstvertrauen.

Material: Papier, Wasserfarben

Durchführung: Das Papier in der Mitte falten und wieder öffnen. Eine Seite des Papiers mit Wasserfarben bemalen, nicht antrocknen lassen und das Papier wieder zufalten. So entsteht ein gegengleicher Abdruck wie die beiden Flügel eines Schmetterlings.

So entstehen andere zauberhafte Bilder …
- Farbe auf eine Glasplatte auftragen, ein Blatt Papier darüberlegen und feststreichen, dann das Papier vorsichtig abziehen
- Wasserfarben mit einem Strohhalm über ein Blatt pusten

Tipp!
Alle „Zauberbilder" können natürlich auch noch mit Buntstiften weiter bearbeitet werden.

Sternenhimmel gestalten

Aus einer Fülle von Material (Papier, Stoff, Folie …) gestalten die Kinder auf einem großen Bogen festem Papier ihren eigenen Sternenhimmel. Vielleicht schwebt er dann über dem Märchenzelt? …

Schatztruhe

Material: Karton (z. B. Schuhkarton), Kleber, Gold- und Silberfolie, Tapete, Perlen, Glitter, bunte Federn, schöne Knöpfe und alles, was Prinzessinnen und Königssöhne lieben …

Durchführung: Karton mit Gold-, Silberfolie oder Tapete bekleben und dann reichlich schmücken.

Tipp!
Kleine Schatztruhen aus Streichholzschachteln sind wunderschöne Verpackungen für Geburtstagsgeschenke, kostbare Aufbewahrungsorte für selbst geschriebene Märchen oder – gefüllt mit leckeren Sachen – in der Vorweihnachtszeit ein märchenhafter Adventskalender …

Laterne für den Märchenwald

Material: Dessertteller, weißes Papier, Bleistift, Schere, Wachsmalstifte, Speiseöl, Tonpapier, Lineal, Klebstoff, Draht

Durchführung: Den Dessertteller mit der Oberseite auf weißes Papier legen, mit einem Bleistift umrunden und so zwei gleich große Kreise malen; die Kreise ausschneiden und mit Wachsmalstiften bemalen; dann die Bilder umdrehen (bemalte Seite liegt auf einer Plastikdecke) und mit Speiseöl bestreichen und antrocknen lassen. Aus dem Tonpapier einen Streifen schneiden, der fast dem Umfang der Kreise entspricht; auf jeder Längsseite ca. 2 cm umknicken und alle 3–4 cm einschneiden. Auf den umgeknickten (und eingeschnittenen) Rand Klebstoff geben und die beiden Kreise daran befestigen. Eine kleine Öffnung bleibt frei. Hier kann später ein Licht in die Laterne gelassen werden und zauberhafte Stimmung verbreiten. Mit dem Draht eine Schlaufe zum Aufhängen bilden und an der Laterne befestigen.

Tipp!
Die Laternen sind eine wunderschöne Dekoration für das Märchenzelt.

Quellennachweis

S. 7: Rose Ausländer, Die Märchen, aus: Dies., Wieder ein Tag aus Glut und Wind. Gedichte 1980–1982.
© S. Fischer Verlag GmbH, Frankfurt am Main 1986.

**Bibliografische Information
der Deutschen Nationalbibliothek**

Die Deutsche Nationalbibliothek verzeichnet diese
Publikation in der Deutschen Nationalbibliografie;
detaillierte bibliografische Daten sind im Internet
über http://dnb.d-nb.de abrufbar.

Das Gesamtprogramm
des Lahn-Verlags
finden Sie im Internet
unter www.lahn-verlag.de

ISBN 978-3-7840-3472-0

Umschlagillustration: Eve Jacob, Baden-Baden
Umschlaggestaltung: Elisabeth von der Heiden, Geldern
Schriftsatz, Notensatz und Reproduktion:
Kontrapunkt Satzstudio, Bautzen
Druck und Bindung: völcker druck, Goch